DIE BESTEN TAGE SIND DIE,
AN DENEN DU NICHTS GESCHAFFT HAST,
AUSSER DIR
Zeit ZU
NEHMEN.

Ohne Ziel AUFZUBRECHEN,
HAT EINEN ENTSCHEIDENDEN VORTEIL:

MAN GENIESST DEN WEG.

Entspanne dich.

Lass das Steuer los. Trudel durch die Welt.
Sie ist so schön.

AB JETZT ENTSCHEIDET NUR NOCH

MEIN HERZ.

DAS BRAUCHT DER KOPF
JA NICHT ZU WISSEN!

Wenn der *Weg* schön ist, frag nicht, wohin er *führt.*

DIE SCHLECHTE NACHRICHT:
DIE ZEIT FLIEGT.
DIE GUTE NACHRICHT:
Du BIST DER PILOT.

JEDER TAG IST WIE EINE NEUE SEITE IM ROMAN DEINES LEBENS UND NUR DU BESTIMMST, WIE DIE *Geschichte* WEITERGEHT ...

UND AM ENDE DES TAGES SOLLEN
DEINE FÜSSE DRECKIG, DEIN HAAR ZERZAUST UND
deine Augen
LEUCHTEND SEIN.

WANN, WENN NICHT JETZT? ES IST DEINE *Blütezeit!*

DAS LEBEN IST SCHÖN!
DU MUSST NUR DEN RICHTIGEN
Blickwinkel
HABEN.

DIE SCHÖNSTE

Freude

ERLEBT MAN IMMER DA, WO MAN
SIE AM WENIGSTEN ERWARTET.

Glück ist, einen Platz zu finden, der perfekt zu einem passt.

Schöne Momente

ENTSTEHEN EINFACH SO,

DU MUSST SIE
NICHT ERZWINGEN.

MACH ES WIE DIE SONNE:
NACH JEDEM UNTERGANG DURCHSTARTEN
UND

strahlend

WIEDER AUFGEHEN.

MANCHMAL MUSS DAS GLÜCK EINE *kleine Pause* MACHEN.
ABER KEINE SORGE!
ES KOMMT WIEDER.

DER BESTE TAG IST

heute

WENN WIR IHN DAZU MACHEN.

GANZ GLEICH WIE SCHWER ES GESTERN WAR,

»—→ **DU KANNST** ←—«

HEUTE VON NEUEM BEGINNEN.

HEUTE

keine Zeit.

HABE NOCH EINE VERABREDUNG MIT MIR!

NIMM DIR ZEIT FÜR DIE DINGE, DIE DICH *glücklich* MACHEN.

WAS HINTER DER NÄCHSTEN ECKE AUF DICH WARTET, *entdeckst* DU ERST, WENN DU LOSFÄHRST.

Die Sonne geht auf,
ein neuer Tag wartet –
was für eine
Schöne Aussicht.

WENN ES SICH GUT ANFÜHLT:
JUST DO IT!

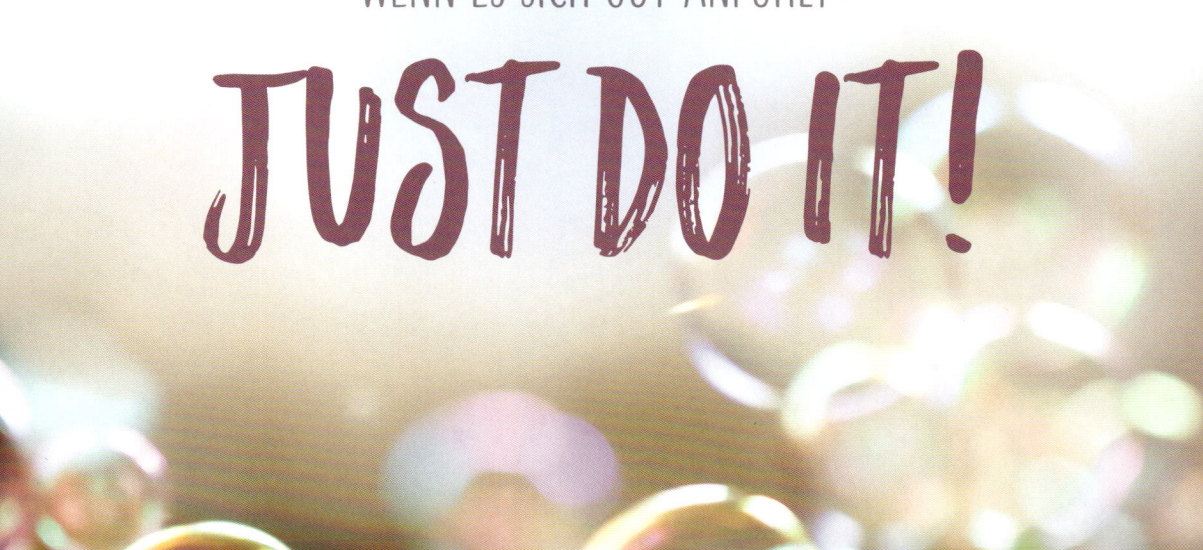

MACH MEHR VON DEN DINGEN,
DIE DIR DAS GEFÜHL GEBEN,
am Leben
ZU SEIN.

DAS SCHÖNSTE

Geschenk,

DAS DU JEMANDEM GEBEN KANNST,
IST DEINE ZEIT.

Die schönsten Erinnerungen sind die an gemeinsam verbrachte Zeiten.

Lebe, liebe, lache
und zwischendurch lass einfach
mal die
Seele
baumeln.

JEDE REISE IST **EINE AUSZEIT** FÜR DEN KOPF UND EIN SONNENBAD FÜRS HERZ.

DER PLAN FÜR HEUTE:

»NICHTS TUN!«

BISHER LÄUFT'S ...

WAS AUCH IMMER GUT

FÜR DEINE SEELE IST ...

MACH ES!

Glück ist wenn der Verstand tanzt, das Herz atmet und die Augen lieben.

JEDER GLÜCKLICHE TAG
BEREICHERT UNS UM
WERTVOLLE ERINNERUNGEN
UND DAS HERZ UM
EIN LEUCHTENDES GEFÜHL.

LASS DEN TAG MIT NICHTS ALS EINEM ENTSPANNTEN *Moment* AUSKLINGEN.

Das Leben ist kein Wunschkonzert, aber manchmal spielt es dein Lieblingslied.

IN DEM MOMENT,
WO DU AUFHÖRST,
DIR GEDANKEN
ZU MACHEN, WAS
ANDERE VON
DIR HALTEN,
BIST DU ENDLICH *frei*

DER EINE TAG IM LEBEN, DER ALLES **VERÄNDERN** KANN, BEGINNT JEDEN MORGEN NEU.

Ab jetzt

GEHE ICH MIT OFFENEN ARMEN DURCHS LEBEN. MAL SEHEN, WAS PASSIERT ...

BEI ALLEM, WAS DU TUST,
SEI IMMER MIT DEM
Herzen DABEI.

WARTE NICHT AUF DEN PERFEKTEN MOMENT ...
NIMM IHN DIR EINFACH UND MACH IHN *perfekt!*

IM REGEN TANZEN, UNTER DER DUSCHE SINGEN UND NACHTS DIE STERNSCHNUPPEN ZÄHLEN, DAS SIND DIE KLEINEN *Glücksmomente.*

EGAL WAS PASSIERT, DU SELBST BIST DAS

Highlight

IN DEINEM LEBEN.

Sei gut

ZU DIR!
GLÜCKLICH STEHT DIR
AM BESTEN!

Glücksrezept:

SICH FALLEN LASSEN,
NUR SCHÄFCHENWOLKEN ZÄHLEN
UND IM HIER UND JETZT SEIN.

DIE RICHTIGE ZEIT,
SEIN LEBEN
ZU GENIESSEN,
IST GENAU JETZT.

GLÜCKLICH SEIN
BEDEUTET NICHT, VON ALLEM
DAS BESTE ZU HABEN,
SONDERN AUS ALLEM
das Beste
ZU MACHEN.

NUR MUT

ES IST OKAY, ETWAS NICHT ZU KÖNNEN!

ABER ES IST NICHT OKAY, ETWAS NICHT ZU VERSUCHEN!

DIE BESTEN

Ideen

ENTSTEHEN OFT DANN, WENN MAN GERADE VORHATTE, ETWAS ANDERES ZU TUN.

DIE KUNST ZU LEBEN
BESTEHT DARIN, ZU LERNEN,
IM REGEN ZU TANZEN,
ANSTATT AUF
DIE SONNE ZU WARTEN.

WO AUCH IMMER DU EIN BISSCHEN
GLÜCK FINDEST, NIMM DIR EIN
KLEINES BÜNDEL DAVON MIT

nach Hause.

GEGEN REISEFIEBER & FERNWEH HILFT NUR EINS:

KOFFER PACKEN!

3 Wünsche

für dich:

Sonne im Herzen, gute Freunde an deiner Seite
& immer einen Grund zum Lächeln!

SEI GUT ZU DIR

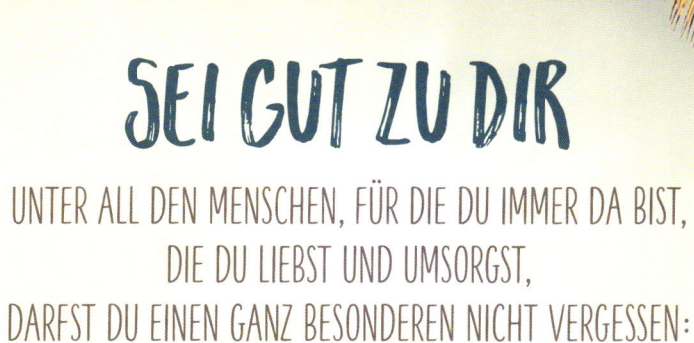

Unter all den Menschen, für die du immer da bist,
die du liebst und umsorgst,
darfst du einen ganz besonderen nicht vergessen:

DICH SELBST.

Bildnachweis
Titel und Seiten 1–26, 28–51: @ shutterstock.de
Seite 27: Werner Bethmann

Textnachweis
Titel und Seite 41: Yvonne Wagner
Seiten 1, 2, 9, 12, 14, 18, 20, 25, 36 und 49: Werner Bethmann
Seiten 3 und 45: Kurt Tucholsky; Seite 4: Anatole France
Seiten 10, 31, 48 und 51: Kartini Diapari-Öngider
Seite 11: Antoine de Saint-Exupéry
Seiten 15 und 39: Christin Schütz; Seite 17: Buddha
Seite 21: Monika Kaufmann; Seite 38: Reinhard Becker

Die Rechte für die Texte liegen bei den Autoren/Verlagen.
Trotz intensiver Bemühungen war es dem Verlag leider nicht in allen Fällen möglich,
den jeweiligen Rechtsinhaber ausfindig zu machen:
Für Hinweise sind wir dankbar. Rechtsansprüche bleiben gewahrt.

ISBN 978-3-86229-548-7

Grafik Werkstatt „Das Original" GmbH & Co. KG · Stadtring Nordhorn 113 · D-33334 Gütersloh
www.grafik-werkstatt.de